AF280149

GEDICHTE

VON

Armin H. Bisson

Bibliografische Information der Deutschen Nationalbiblio-
thek: Die Deutsche Nationalbibliothek verzeichnet diese
Publikation in der Deutschen Nationalbibliografie.
Detaillierte bibliografische Daten sind im Internet über
http://dnb.dnb.de abrufbar.
©Armin H. Bisson – insbesondere das der Übersetzung,
des öffentlichen Vortrages sowie der Übertragung durch
Rundfunk und Fernsehen, auch einzelner Teile. Kein Teil
des Werkes darf in irgendeiner Form (durch Fotografie,
Mikrofilm oder andere Verfahren) ohne schriftliche Ge-
nehmigung des Autors und Herausgebers reproduziert
oder unter Verwendung elektronischer Systeme verarbeitet,
vervielfältigt oder verbreitet werden.

Cover und Illustration Armin H. Bisson

Verlag: BoD · Books on Demand GmbH, Überseering 33,
22297 Hamburg, bod@bod.de
Druck: Libri Plureos GmbH, Friedensallee 273,
22763 Hamburg
ISBN: 978-3-8192-9589-8

Vorbild

Inhalt

Guru

Der Mensch trägt in sich viele Gaben,
manche nützen, manche schaden,
drum wähl er jene mit Bedacht,
die er zu seinem Guru macht.

A h a

Der Mensch gleicht
energetisch aus gesehen,
einem Autobatteriesystem.

Solang derselbe jung an Jahren,
ist er mit Energie meist top beladen
und braucht
auch nach intensiven
Verbrauchsgegebenheiten
wenig kurze Ladezeiten.

Kommt derselbe in die Jahre,
wird sein Akku zügig leer
und braucht
selbst bei normalen
Verbrauchsgegebenheiten
mehr und längere Ladezeiten,
die sich steigern Tag um Tag,
bis der derselbe nicht mehr mag.

Dann gehen Mensch und Akku
still und leise
auf eine neue weite Reise
von deren Ende aus gesehen
sie recyclingtechnisch umgewandelt,
energetisch neu entstehen.

Alltag

Der Mensch
in unseren Breitengraden
ist ungeachtet seiner Gaben
oft mächtig auf Erfolg geeicht,
was die Psyche malträtiert,
die den Körper drangsaliert,
und da beide kräftemäßig limitiert
braucht manch Einer alle Kraft,
dass er´s durch den Alltag schafft.

Ausdruck

Der Mensch an
Ausdrucksmöglichkeiten reich
spricht mal hart, mal spricht er weich
und entscheidet solchermaßen dann,
wie viel Last er seinem Nächsten
auferlegen kann.

Dies treibt er nicht nur
mit klingenden Worten,
mehr noch durch sein Minenspiel,
öffnet so verschlossene Pforten
zu des anderen Gefühlgewühl.

Manch Wort wird so zum Zauberstab,
manch Minenspiel Beziehungsgrab.

Drum achte Mensch in kluger Weise
stets auf deine Ausdrucksweise.

Auszeichnung

Der Mensch lebt auch als Eigenschaft,
das Streben nach `ner Meisterschaft.

Hat er sich gut genug bemüht
und ist so meisterhaft erblüht,
dass er darüber Kohle zieht,
wird er vom Fiskus ungeniert
zum Zahlmeister herauf gekürt,
worüber manch Titelträger spricht,
„solch Meisterehr begehr ich nicht."

Flugs sucht manch Geehrter
dann nach Wegen,
die Auszeichnung zurückzugeben,
doch ist er nicht ein Boss von Bossen,
ist sein Begehr ins Kraut geschossen,
denn das Steuerschlupfexotenwissen
der Steuersäumnisdreisten
kann sich derselbe meist nicht leisten.

So fühlt sich derselbe Tag wie Nacht
verhöhnt um seinen Lohn gebracht,
weil ihn der Fiskus wohl durchdacht
zum Bückling der Nation gemacht.

Beiwerk

Der Mensch
befeuert von dem Triebe,
sucht triebgesteuert nach der Liebe
und betreibt dank dieser Schaltung
beiwerkmäßig Arterhaltung.

B e r e u t

Der Mensch daselbst
ist heute der
der gestern aus ihm wurde.

Manch Einer träumt versäumten nach
und anderem das ihn reute.

Ein Anderer verklärt die alten Tage,
färbt dieselben wärmend ein,
fühlt sich unwohl in dem Heute,
als wär er darin nicht daheim.

Ein Dritter wühlt
in seinem Schlick von Gestern
gleich einem Archäologen,
der nach versunkenen Schätzen gräbt,
dass ihm zum Ergreifen
der Chancen aus dem Heute
schon gestern
alle Energie verweht.

Bezugsperson

Der Mensch nötigt
zur Reflexion von seinem Ich
einen Spiegel namens dich,
– auch genannt Bezugsperson –
vor dem er sich sorglos
dann und wann
bedarfsgerecht entspiegeln kann.

Spiegelt ihn dieser
im wärmsten Licht,
schenkt ihm so
das Spiegelein
ein berauschend
Wohlfühlsein.

Doch ist der Spiegel
mehr konkav
und spiegelt ihm
gar Mängelseiten,
pfeift manch Einer
in scharfem Ton
auf des Spiegels Reflexion.

Wünscht er sich
doch auch nur Einen,
der spiegelnd ihn bestärkt

und im besten aller Fälle
in Gänze hoch verehrt,
ihn gar hebt auf einen Thron,
ja, solch ein Spiegel wäre es,
seine Traumbezugsperson
die innigst er begehrt.

B r a u c h t

Der Mensch braucht
für sein Gleichgewicht
manches, das ihm Halt verspricht.

Ist ihm dieses nicht gegeben,
wars das mit ´nem guten Leben.

Daneben

Der Mensch erfährt in seinem
kurzgespannten Leben,
manches Mal geht was daneben.

Auch wird manch Hoffnung
wüst zertrümmert,
an der er herzblutmäßig
rumgezimmert.

Doch was auch immer
Mensch bekümmert,
wird morgen
wieder neu gezimmert,
und aus den
Ruinen von einem Traum
wächst manchmal
gar ein Apfelbaum.

Auch wenn man selben
kaum heut sieht,
weil es Zeit braucht,
bis er blüht,
bedenke Mensch
bei allem Klagen,
nicht jedes Unglück kommt,
um dir zu schaden.

Dank

Der meiste Mensch,
seit Altersher schon religiös,
macht darum meist null Getös.
Doch ist derselbe so gestrickt,
dass er missionarisch tickt,
fühlt manch Einer sich berufen,
sein Glauben in die Welt zu rufen,
um Seelenwonnig mit verzücken,
seine Gottheit zu beglücken.

Sobald er einen Rivalen trifft,
der eine andere Religion verficht,
streiten sich beide Glaubensritter
mitunter schonungslos wie Kesselflicker.

Hören Dritte dabei zu,
denkt so Mancher bei sich – puh,
solch Gezeter und Gezank
macht nur Geist und Seele krank.
Ich meide lieber diesen Mist,
bin und bleibe Atheist,
Gott sei Dank, Gott sei Dank! –

Eigentum

Der Mensch an sich ideenfroh
nutzt diese Gabe ebenso,
Lösungswege auszuheben,
sein Bedürfnis auszuleben,
sich egomäßig auszubreiten,
um statusmäßig aufzusteigen.

Den höchsten Status hat per se
der mit dem Nummer-Eins-Klischee.
Von meist Allen hochgepriesen,
kann er dies unverblümt genießen,
sobald er den Statusgipfel
ganz erklommen
und so den Herrscherstatus
eingenommen.

Nur ists dem Meisten nicht gegeben,
in seinem kurzgespannten Leben
über seines- oder andersgleichen
Regentenstatus zu erreichen.

Damit derselbe nicht verstört,
weil ihm nie ein Volk gehört,
was ihn mitunter so empört,
dass er trotzig aufbegehrt,
suchte man nach einer Krücke
zu überbrücken dessen Lücke.

Und da wie eben klar beschrieben,
als Statusregel gilt hienieden,
je mehr dem Einzelnen gehört,
umso höher ist sein Wert,
ersann der Mensch für sich
und seines Volkes Ruhm,
egomäßig opportun,
irgendwann das Eigentum.

Erinnerung

Der Mensch,
ob hart ob weich geeicht,
hats auf Erden oft nicht leicht,
doch allen Widrigkeiten trotzend,
streift der Meiste hoffnungsstrotzend,
voll lüsterner Begehrlichkeiten
durch des Daseins Jahreszeiten.

So macht Mancher viel Getöse
um die wahre Körbchengröße,
ein Andrer sorgt sich Tag und Nacht,
ob er alles wohl bedacht,
ein Dritter streitet bis auf ´s Blut,
selbst um den kleinsten Fingerhut.

Der Seltene, mehr weitgesichtig,
nimmt sich und solches nicht so wichtig,
weiß er doch als Teil des Lebens Dung,
wird er bestenfalls Erinnerung.

Erkenntniswunder

Der Mensch,
zumeist agil und munter,
gibt seinesgleichen auch mal Zunder.

Manch Einer nimmt den Zunder auf,
entfacht damit gar mächtig Rauch.

Einem Drittem
weht der Qualm ums Hirn,
der hat solch Räucherwerk nicht gern
und dient sich daher beiden an,
als brandverzehrender
Feuerwehrmann.

Doch lieben beide Kontrahenten
ihre selbstgelegten Brände,
marschieren diese nun vereint
gegen ihren Helferfeind,
befehden ihn mit Rauch samt Zunder
und bescheren so dem Kerle munter
ein zündendes Erkenntniswunder.

E x t a s e

Der meiste Mensch
lebt liebend gern
auf einem Wohlfühlechostern,
kreiert von hehren Zeitgenossen,
die selbstlos nur zu seinem Besten
sein Hirn mit ihrem Weltbild mästen,
indem sie ihn tropfenreich beschenken,
mit ihrer Pflegehirntinktur,
betreutes Denken.

Solchermaßen reich besternt,
wiederholt er gern, was er gelernt,
und hütet wie ein Kuschelhase,
heroisch, selbstlos
loyal bis zur Ekstase,
seine Echowohlfühlblase.

Facetten

Der Mensch,
dem Menschen ungleich gleich,
ist überaus facettenreich,
in seinen gleichen Ungleichheiten
ungleicher Gemeinsamkeiten.

Fäden

Der Mensch daselbst
ist meist ein Macher
und fädelt in des Lebens Hain
manches für sich aus und ein.

Manch Einer,
wesensmäßig mehr
ein Schneider,
zieht Fäden aus Hemden
und aus Kleidern.
Ein Anderer
dem es meist
vor gar nix graut,
zieht dieselben
aus der Haut.
Ein Dritter,
ganz und gar
erfolgsbesessen,
will sich stets
mit anderen messen,
und knüpft zu allem
wild entschlossen,
Netzwerke mit Clangenossen
auf die er feste baut,
wenn´s sein muss
auch mit Leuten,
denen er nicht wirklich traut.

So fädelt Jeder
auf seine Weise
munter vor sich hin.
Manch Einer bis
zur Selbstaufgabe,
manch Einer
bis zum Hauptgewinn.

Fragezeichen

Der Mensch
sich selbst ein Fragezeichen,
sieht ab und an auf seinesgleichen,
und fragt sich manchmal wie's so geht
warum der Andere ihn nicht versteht?

Derselbe davon nicht entzückt,
schaut irritiert zum Mensch zurück
und denkt bei sich
– ja so kanns gehen –
der Kerl hat ein Verstehproblem!

Und je nachdem worum sich's dreht
und wie man zu einander steht,
könnten beide Kontrahenten
in Streit und Hader dann verenden.

Um derlei Übel abzuwenden,
begann der Mensch
einst nachzudenken
und ersann darüber ungelogen
den Beruf des Psychologen.

Auf das Derselbe höchst versiert,
den Menschen dahingehend motiviert,
dass der sich lustvoll unverzagt,
rundum ehrlich hinterfragt.

Steigt dieser willig darauf ein
und öffnet seinen Seelenschrein,
stellen beide munter Weichen
zu des Menschen
nächsten Fragezeichen.

Fühlung

Der Mensch braucht,
so im Allgemeinen,
für sein Verständnis
von dem menschlich sein,
zu seinesgleichen Fühlung
und
durch Reibung mit denselben
bei Wut und Überhitzung
ab und an mal Kühlung.

Besonders im Politikbetrieb
wirkt Fühlung wie ein Auswahlsieb
und ist daher ganz wichtig,
denn lebt der Politikakteur
diese mangelhaft
bis gar nicht mehr,
signalisiert er so umher,
das Wählerwollen
ist ihm nichtig.

Was für ihn oft dazu führt,
dass er Wahl um Wahl verliert,
bis er quittungsmäßig richtig
für den meisten Wähler nichtig.

Führung

Der meiste Mensch strebt
auch nach Führung
in Form einer Regierung.

Agiert ihm dieselbe meist zu fad,
denkt Mancher bei sich
– Oh wie schad –
und sucht sich eine für privat.

Geister

Der Mensch,
von konservativ bis progressiv,
gibt sich manchmal aggressiv,
geht darob was mächtig schief,
zürnt er den Geistern, die er rief!

Gelernt

Der meiste Mensch ist ziemlich reinlich,
denn alles andere wär ihm peinlich.

So Mancher setzt noch einen drauf,
schmückt sich und poliert wie wild
sein äußeres Erscheinungsbild.

Beschert ihm dies ein Wohlgefühl,
wandelt er durchs Menschgewühl
mit offenherzig Minenspiel
und erntet dafür im Alltagsfluss
vom Allermeisten >mit Genuss<
Vertrauensvor- bis überschuss,
weil Jener glaubt und darauf baut,
der Redewendung, die verspricht,
das Äußere spiegelt des Wesens Gesicht.

Erweist sich im Vertrauensfalle
der Topgestylte als Missbrauchskralle,
fühlt sich der Meiste enttäuscht, frustriert
und übelstriechend angeschmiert.

Doch sei zum Troste ihm beschieden,
ein Jeder zieht halt auch mal Nieten
und moralhygienisch neu besternt
hat er was dazu gelernt.

Gemäuer

Der Mensch an sich schon Architekt,
zeigt Andern gern, was in ihm steckt,
und baut mal mit, mal ohne Feuer,
so lang er kann zahllos Gemäuer.

Der Meiste fügt frag- und klaglos
Stein auf Stein
in vorhandene Mauern ein.

Dem Weniger ist das zu schwer,
er mag das Mauern nicht so sehr,
ihm bereitet ´s mehr entzücken,
Mauerwerke auszuschmücken.

Dem Seltenen ist dies zu wenig,
er wär viel lieber Mauerkönig,
deshalb erbaut er mit Kalkül,
Mauern ganz nach seinem Stil.

Nur der Exot schlägt aus der Art,
er findet Mauern öd und fad,
weil sie begrenzen und bedrücken,
baut er so lang und gut er kann
an Brücken.

Gewieft

Der Mensch braucht
zum sich selbst entfalten,
in der Regel das Gestalten.

Doch will er seine Flügel breiten,
besonders wenn es gilt beizeiten
sich richtungsweisend zu entscheiden,
muss zuvorderst er bedenken,
wohin soll er den Kurs nun lenken,
und schon beginnt das lästig denken.
Dies würd der Meiste
sich gern schenken,
denn von allzu viel Gegrübel
wird so Manchem richtig übel.

Ein Dritter mehr gewieft beschaffen,
denkt sich,
– lass die Anderen erst mal machen –.
Sollten die sich plangemäß entfalten,
kann ich mich immer noch gestalten.

G l ü c k

Der Mensch,
oftmals mehr ein Kurzpassdenker,
sieht sich gern als Schicksalslenker
und singt voll Inbrunst dieses Lied,
dass Jeder seines Glückes Schmied,
besonders dann wie´s oft so geht,
wenn zum schmieden
ihm der Hammer fehlt.

G r a u t

Der Mensch,
naturgemäß mehr Egoist,

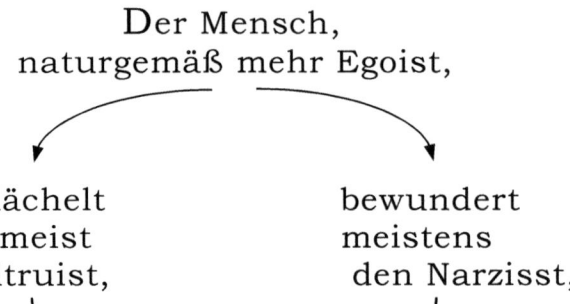

belächelt   bewundert
meist   meistens
den Altruist,   den Narzisst,

da dieser sich so vieles traut,
wovor der meiste Mensch sich graut.

Heimelig

Der meiste Mensch glaubt fest daran,
das nicht sein darf, was nicht sein kann.
Nur aus des Lebens huddelei
dünkt Manchen ab und an so nebenbei,
bei andern herrscht die Eselei.

Da er den Braten nun gerochen,
fühlt er sich eselmäßig freigesprochen
und umgibt sich sorglos
Nacht wie Tag
mit Eseln,
die er schätzt und mag.
Denn ist man erst mal unter sich,
eselts sich schön heimelig.

Heldenmut

Der meiste Mensch
zieht gern den Hut
vor Menschen voller Heldenmut.
So Mancher wäre gern wie Jene
mit Ruhm und Ehre überhäuft.
Doch kennt er deren Lebenslauf,
gibt er dies meist wieder auf
und denkt bei sich,
– von nah besehen,
meist ganz allein im Regen stehen
und jung an Jahren untergehen,
ist im Grunde gar nicht schön,
das muss doch auch noch anders gehen –?

Er schaut sich um, prüft und blickt,
dafür eignet sich die Politik.
Dort kann man kollektiv verwoben,
vom Allgemeinsein abgehoben,
geschichtsbewusst agieren,
Morgenpläne debattieren,
Zumutungen postulieren,
diese in Gesetze gießen,
und falls die dann das Volk verdrießen,
ihm heldenhaft die Stirne bieten,
mit der Gewissheit ausstaffiert,
weil man mehr als gut dotiert,
meist erst reich an Jahren stirbt.

Hungernummer

Der Mensch
von heut wie schon die Ahnen,
rauscht durch des Lebens Kurvenbahnen.
Dabei seufzt Mancher voller Kummer,
„ich bin ja nur ´ne kleine Nummer".

Ein Andrer mehr vom Typ Titan
kreist in derselben Jammerbahn,
ächzt ausgezehrt von Geltungshunger,
„ich wär so gern die Allmachtnummer".

Manch Dritter zieht daraus den Schluss,
dass er figürlich glänzen muss,
will er heut und in den Zukunftswelten
als Vorbildnummer fett was gelten.

Schon stürzt er sich mit viel Elan
in den Fitness- und Diätenwahn
und verspürt dabei
mitunter voller Kummer,
der Weg zur fetten Obernummer
ist angefüllt mit Dauerhunger.

Jonglieren

Der meiste Mensch
liebt das Jonglieren
mit Gefühlen
und dem Glück.

Das größte Glück
fühlt dabei Jener,
der Spiele organisiert,
die er so
wundersam jongliert,
dass er zu guter Letzt
am meisten
davon profitiert.

Kinder

Der Mensch
produziert bei Stromausfall
sowohl im Sommer als auch Winter
das, was er am besten kann,
Kinder, Kinder, Kinder.

Kunst

Der Mensch in sich
tut sich meist schwer
mit dem Kunstgewirre
ringsumher.

Besonders die
sogenannte Postmoderne
hat der Meiste nicht so gerne.

Der Grund dafür
ist ziemlich bieder,
er findet nichts
von sich dort wieder.

Lebt

Der Mensch,
schon explosiv gemischt,
lebt meist den Wachstumsfetischist
und zeugt daher mit Weggefährten
massenweise Fetischerben.

Manch Hamster, Fisch und Elefant
wird dann von diesen überrannt.
Dies stimmt viele Schaffer froh,
die bauen Straßen, Häuser, Zoo
und forcieren mit ihren
Wachstumsscherben,
Arterhalt und Artensterben.

Daraus zieht manch Politiker den Schluss,
dass solch Wachstum enden muss,
und fordert per Gesetz als Äquivalenz
die Förderung menschlicher Intelligenz.

Ein Andrer schleudert ihm entgegen,
damit läge er wie sonst im Leben,
naturgesetzlich voll daneben,
worauf der Forderer enthemmt
den Andern Ignoranten nennt.
Doch dieser lässt sich auch nicht lumpen
und beginnt sich aufzupumpen.

Prompt fliegen Schimpftiraden munter
wie Granatgeschosse rauf und runter
und Beide ringen wie besessen,
– das Sachproblem ist längst vergessen –
mit ihren wachsenden Gemeinsamkeiten
verletzter Stolz und Eitelkeiten.

So lebt Mensch noch im größten Zwist,
was ihm wohl stets zu eigen ist,
den Wachstumsfetischist.

L i b i d o

Der Mensch ist manchmal
mächtig froh,
über seine Libido.

Ein andermal
zur unpässlichsten Zeit,
jagt dieselbe in ihm her,
als gäbe es keine
zweite Chance mehr,
drängt mit aller Macht
aus ihm heraus,
und wird so Manchem
gar zum Graus.

Ein Anderer
vom Typ mehr Kontrolleur
macht phantasierend
ihr das Dasein schwer,
denkt an Eiszeit, Schlägerei,
Scheidungsanwalt, Haferbrei,
was der Libido so graust,
dass sie ins Nirwana saust.

Lichtelein

Der Mensch daselbst
– wer tut das nicht –?
Sieht sich gern im wärmsten Licht.

Falls er sich doch einmal verzockt
oder sonst wie was verbockt,
und sein Fauxpas wird populär,
gruselt es den Meisten mehr,
wenn als Folge garantiert,
fortan sein Image ramponiert.

Um Schimpf und Schande abzuwenden,
fragt Mancher sich, „Oje, und nun,
was kann ich nur dagegen tun"?

Spontan fällt diesem dazu ein,
– Schuld muss da wer anders sein –
und wirft sogleich den ersten Stein
auf Umstände und oder Zeitgenossen,
die ihm so fies ins Knie geschossen.

Verhallt sein Klagen unerhört,
zeigt er sich zutiefst empört.
Kommt er damit auch nicht an,
sieht er sich als Opferlamm
und hüllt sich schmollend wieder ein
in sein wärmend Lichtelein.

Menschenfreund

Der Mensch hegt und pflegt
meist inniglich
sein Heimatstern, das zarte Ich.

Der Meiste fühlt sich dort zu Haus,
ein Andrer ging gern aus sich raus,
ein Dritter wünscht sich Nervenschoner
ob seiner störend Mitbewohner.

Ein Vierter scheffelt vorteilsmunter,
was möglich seinem Ego unter.
Bekommt er so was er erträumt,
wird er punktuell zum Menschenfreund.

O b

Der Mensch,
ob König oder Gammler,
ist ein passionierter Sammler.
Denn jeder sammelt bis zum Ende
für sein Tun und Lassen Argumente
und von der Wiege bis zur Bahre
Formulare, Formulare.

Potenz

Der meiste Mensch hält vehement,
sich allzu gern für kompetent.
Manch einer erliegt daher dem Wahn,
dass er egal was übernehmen kann.
Besonders lockend und verwegen
scheint solch Option Parteistrategen.
Sie streben,
dies darf in Summe gern viel kosten,
nach Regierungs- und Ministerposten.

Getragen von Parteipotenz,
gern ohne fachlich Kompetenz,
hält mancher selbstverliebt mit Vehemenz
sodann im Amte Residenz
stellt ungeniert mit viel helau,
sein Unvermögen gern zur Schau.

Sodass ein Jeder trefflich sieht,
was ihm als Bürger denn so blüht,
wenn ein Ahnungsloser vehement
sich kompetenzbefreit verrennt
und stolz gern zeigt, was er erschafft,
aus den Gefilden seiner Macht.
Dies darf den Bürger gern viel kosten,
er hat ihn endlich seinen Karriereposten.

Prächtig

Der meiste Mensch
wie´s halt so geht,
ist innerlich verstört,
sobald er auf die Medien hört,
weil er denkt,
dass ihm so manches fehlt,
was ihn mitunter
mächtig quält,
sei es Liebe, Schönheit, Ruhm,
Mut, Talent gar Eigentum,
er fühlt sich minder
glanzlos schmächtig,
dabei wär er viel lieber prächtig.

Dem ruf ich zu,
oh gräm dich nicht,
denn du bist gut so
wie du bist,
denn aus der Schöpfung
Vielfaltsblick
bist und bleibst du
weltenweit
hier und heute für alle Zeit,
und dieses nehm ich nicht zurück
ein grandioses Meisterstück.

Recht besehen

Der Mensch, wer sonst,
ein Nimmersatt,
will meistens das,
was er nicht hat.

Der Meiste bleibt
in seiner Mittelwahl
recht besehen,
stets legal.

Der Weniger springt
lieber mehr
zwischen recht und billig
hin und her.

Dem Seltenen ist dies zu brav,
er sieht die Anderen mehr als Schaaf
und handelt, recht besehen,
lieber nach dem Titel,
allein der Zweck heiligt die Mittel.

Regel

Der Mensch an sich
meist ohne Mumm,
hält Andere oft gern für dumm
und übersieht meist das Problem,
dass Andere ihn auch so sehen,
was bei so Manchem dazu führt,
dass das Leben ihn frustriert.

Regenthaft

Der Mensch,
menschlich gesehen nicht ohne,
sieht gern sich als der Schöpfung Krone,
weshalb er alles, was diese schafft,
Regenthaft sich zu Eigen macht.

Nur sie selbst kann er nicht greifen,
wie mächtig immer er sich träumt,
weshalb dieselbe eines Tages
ihn einfach aus dem Felde räumt.

Schlaf

Der Mensch schläft
meist nicht gern allein,
drum lädt er andere dazu ein.
Doch kann und will er
seinen Schlaf den süßen
nicht mit jedermann genießen,
drum hält er Ausschau
dann und wann
nach jemand,
den er riechen kann.

Sobald er selben aufgefunden,
will mancher innig den erkunden
und bei spiegelgleichem Interesse
drehen beide mit Finesse
für Minuten oder Stunden,
feurig amouröse Runden.

Da wird geknuddelt und geschlabbert,
geturnt, getobt, ja auch geackert,
bis die Beine weich und
das Hirn ganz leer,
dann gleiten beide himmelsschwer
ermattet in den Schlaf den süßen,
den sie zu zweit allein genießen.

Schwarz-Weiß

Der Mensch,
von Schornsteinschwarz bis kreidebleich
ist meist an Fähigkeiten reich,
doch wie auch immer er geeicht,
hat er´s im Leben oft nicht leicht.

Manch Einer,
der ihn mag, sieht´s mit bedauern,
rennt wie besessen gegen Mauern.
Ein Anderer wie´s manchmal geht,
steht ahnungslos sich selbst im Weg.
Ein Dritter, bürdemäßig schwer beladen,
kämpft mit normativen Denkschubladen.

So Mancher kommt gar an den Punkt,
da wird ihm alles viel zu bunt.
Ermattet sagt er zu sich leis,
„Tagein, tagaus, dies Geschubse und Gedränge
von Anderen aufgebrummte Zwänge,
du musst, du sollst, lern dies lern das,
mach hin, mach zu,
denk so, denk weiter, merk dir das!"
– Oh wisst ihr was,
lasst mir alle meine Ruh!
Von jetzt an fahr ich auf dem Gleis,
was ich nicht weiß, macht mich nicht heiß
und denk ab jetzt nur in Schwarz-Weiß –.

Schwierig

Der Mensch,
mitunter schon mal schwierig,
zeigt sich manchmal wahrhaft gierig.
Manch Einer ackert ohnegleichen,
das Begehrte zu erreichen.

Muss er dazu, was nicht schön,
auch Stolperfallen überstehen,
und Konkurrenten, die es wagen,
demselben hinterherzujagen,
wehrhaft aus dem Felde schlagen,
ruft Mensch, der spürt,
es wird nicht reichen,
das Anvisierte zu erreichen,
mit Zornesblick auf seinesgleichen,
wären die Leute nicht so gierig,
wär das Leben halb so schwierig.

Seelenfrieden

Der Mensch
ist wie ein Instrument,
das seine Harmonien kennt,
nur ignoriert der Meiste so im Ganzen
gerne seine Dissonanzen.

Posaunt ein Anderer
beim Reden, Duschen oder Tanzen,
auch nur vereinzelt Dissonanzen,
verruft manch Intrigant den ohne end
gern als missratenes Instrument.

Dabei glaubt Mancher dieser Toren,
das Ganze treibt er ungeschoren,
doch bezahlt er seine Schädlingsblüten
meist mit seinem Seelenfrieden.

Siegen

Der meiste Mensch
wär gern ein Sieger,
manch Einer wäre noch viel lieber
ein Jahrhundertüberflieger.

Nur geht dem Siegen
oft oh Graus,
wenigstens ein Kampf voraus.

Allein die Vorstellung des Kämpfens
ist Manchem so zuwider,
dass er für sich sogleich beschließt,
das mit dem Kämpfen lass ich lieber.

Doch ist es gut so, wie es ist,
denn wär das Siegen nicht so schwer,
wär´s auch nichts Besonderes mehr.

Spiele

Der Mensch braucht
zur Bildung der Gefühle
auch das spiele mit dem Spiele.

Da zeigt der Meiste
– selbst ohne Not –
welch Charakter in ihm wohnt.

Steigerung

Der meiste Mensch,
schon mal verwirrt,
gibt ungern zu,
wenn er geirrt.

Für Manchen ist ´ne Weigerung,
gar Plattform für die Steigerung
Irrtum Glaube, Wahrheit, Wahn,
schon bricht der Hass sich seine Bahn,
der möglichst alles niedermacht,
aus dem sein Wahnsinn sich erschafft.

S t e i n e

Der Mensch an sich
wirft gern mit Worten,
mit langen, kurzen, auch gemeinen,
sobald er sie verworfen hat
und noch vor Unmut überquillt,
wirft Mancher dann mit Steinen.

Der Rüpel wirft sie wahllos offen,
meist mit wütendem Gesicht,
ihm ist es gleich, wohin sie fliegen,
für ihn ist wichtig, dass er trifft.

Der Angepasste wirft auf Weisung,
meist mit vermummeltem Gesicht,
versteckt aus einer Masse,
alleine traut er sich das nicht.

Der Raffinierte toppt die beiden,
er wirft ansatzlos verdeckt,
schließlich soll ja keiner sehen,
was so alles in ihm steckt.

Der Eloquente ist am End
aller Anderen Dirigent,
er versteht´s in blütenweißer Weste,
dieselben so lang einzunerven,
bis diese seine Steine werfen.

Tellerrand

Der Mensch,
in Form und Füllung zwar verschieden,
ist verstandesmäßig fest umspannt
von seinem eigenen Tellerrand.

T r a g e n

Der Mensch
alltagsmüde oft am Klagen,
„was muss ich Ärmster alles tragen",
trägt seltsam freudig sein Begehr
in den Augen vor sich her.

Wird ihm dieses Mal zu schwer,
verwünscht er meistens sein Begehr
und hebt dann auch noch an zu klagen,
„was muss ich Ärmster alles tragen"!

Treibstoff

Der meiste Mensch sieht in dem Geld
den tollsten Treibstoff unsrer Welt,
und Mancher jagt dem hinterher,
als gäb´s für ihn kein Morgen mehr.

Treu sein

Der Mensch
tut sich mit treu sein schwer,
er liebt das Menscheln viel zu sehr.

Der Schwan hingegen tut sich leicht,
weil ihm ein Schwan zum schwäneln reicht,
sagt man.

Untermieter

Der Mensch, der denkt,
er wär allein,
bildet sich fürwahr dies ein,
weil von klein auf ungelogen,
ein Untermieter bei ihm eingezogen.

Der ist ein Schelm,
man glaubt es nicht,
weil er so gut wie niemals spricht,
auch zeigt er ums Verrecken nicht
dem Vermieter sein Gesicht.

Und wenn der Kerle
doch mal spricht,
passt ´s dem Hausherrn
grade nicht,
weshalb er unwirsch reagiert,
und forsch den Mieter attackiert.

Was den zunächst
nicht interessiert,
weshalb er weiter ungerührt,
leise spöttelnd insistiert,
bis der Hausherr irritiert
seine Contenance verliert.

Dann hält es auch
den Mieter nicht,

der flitzt heraus ans Tageslicht,
zergrämt des Hausherrn Angesicht,
doch geblendet von dem Schein
schließt er sich gleich wieder ein.

An sich wär dieses kein Problem,
nur wenn solch Hergang
andere sehen,
tun sie einander feixend kund,
habt ihr ´n gesehen,
den Schweinehund.

Und die Moral von der Geschicht,
den eigenen Untermieter
sieht man nicht!

Vergnügen

Der Mensch, mitunter schon ein Tor,
hält anderen gern den Spiegel vor,
und Manchem bringts dazu Vergnügen,
an Anderen herum zu rügen.

Würd der in seinen Spiegel sehen,
fänd sein emsig Meckergen,
so vieles
ein-, aus- und auch glattzubügeln,
damit könnt er sich ohne Frage
bis zum Ende seiner Tage,
auch ohne Dritte zu bespiegeln,
restlos mit sich selbst vergnügen.

Verkauft

Der Mensch,
an sich schon arbeitswillig,
verkauft sich meistens viel zu billig.

Verkauft er sich mal gut und teuer,
schnappt seine Heuer gleich die Steuer.

Verschieden

Der Mensch,
so die Jungen wie die Alten,
strebt meist danach, sich zu entfalten.
Nur sind bei Jung und Alt hienieden,
die Gründe dafür höchst verschieden.

Versprechen

Der Mensch,
der bauherrenmäßig motiviert,
ist oft politisch interessiert,
doch um aus dieser zu gestalten,
muss Mensch sich erst mal breit entfalten,
dafür braucht ´s Zeit und ein Mandat,
schon hat er ihn, den Kopfsalat.

Denn will er einen Sitz erlangen,
muss er Wählerstimmen fangen,
und da der Wähler meist bequem,
fühlt der sich sorglos angenehm,
wenn ein Kandidat all das verspricht,
was versprechbar wählbar ist.

Wachstum

Der meiste Mensch ist
wachstumsmäßig aus besehen,
allzu gerne gern bequem.

Nur wenn es um die Liebe geht,
die er von anderen erstrebt,
zeigt er sich
wachstumsmäßig aus besehen,
rastlos wuschig unbequem.

Da werden Schlösser aufgebaut,
an die sich sonst kein Fachmann traut,
auf Wolken wild herumgeschwebt,
dass der Himmel selbst erbebt.

Manch Einer, der ihn so erlebt,
gar selbst im Innersten erbebt,
erhofft sich träumend voller Wehen,
es möge ihm wie jenem gehen,
er flög, getragen von Liebeswahn,
aus seiner Alltagsträgheitsbahn,
um federleicht voll Herzgeflimmer,
wachstumsmäßig aus besehen,
als grandioser Himmelsstürmer,
fortan durch sein Dasein gehen.

Wendung

Der Mensch,
schon seltsam konstruiert,
freut sich sehr, wenn er kapiert,
was er jahrein, jahraus studiert.
Auch der erfolgreich ihn bemeistert
ist dann von seinem Tun begeistert.

Doch geht der Wiederkäuer munter
im breiten Strom der Lehrsaat unter,
lehrt ihn manch Meister, kritiklos flott
selbstgerechten Hohn und Spott.

Werte

Der Mensch,
kulturspezifisch feinjustiert
geht solchermaßen programmiert
gittermäßig Wertfixiert
durch seines Daseins Stadien.

Manch Einer fühlt sich
darin so beengt,
dass er das Gitter einfach sprengt.
Der baut sich aus zerbrochenen Stäben
kurzum ein Trapez aus Geld,
dass, wo auch immer dieses geht,
über allen andern Werten schwebt
als Richtungsgeber seiner Welt.

So jagt er ohne Unterlass
und ist die Hatz auch noch so schwer,
dem schnöden Mammon hinterher,
füllt unersättlich Krug um Krug
bis zum letzten Atemzug.

Ruht er dann in seinen Scherben,
trauern freudig seine Erben.

Wohl und Weh

Der Mensch,
mitunter voller Reiselust,
rudert zumeist pflichtbewusst
durch des Lebens bunte See.

Beim Rudern fühlt sich Mancher nichtig,
dabei wähnt er sich vielmehr wichtig,
sozusagen steuerpflichtig,
für aller Wohl und Weh
und sieht sich mehr als Steuermann,
besser noch als Kapitän zur See.

Ein Anderer mag noch mehr brillieren,
nicht nur steuern, navigieren,
für aller Wohl und Weh,
vielmehr Flotten kommandieren,
als Admiral zur See.

Nur wenn der Fiskus zu ihm spricht,
er zahle seine Steuern nicht,
übt manch Anderer gern Verzicht
auf jede Art von Steuerpflicht
zu seinem Wohl und Weh.

Wundertüte

Der Mensch per se, du meine Güte,
bleibt sich selbst ´ne Wundertüte.

Zu End

Der Mensch lebt,
so hofft der gläubige
Jude, Muslim oder Christ,
nach seinem Dieseitsende,
ganz gleich, wie er sonst aufgestellt,
fort in einer anderen Welt.

Ein Anderer
sieht sich mehr als Atheist,
da er, obgleich er selbiges
noch nie beäugt,
unverrückbar überzeugt,
dass ein Leben nach dem Tod
fernerhin unmöglich ist,
weil ein Jeder mit Ablauf
seiner Daseinsfrist
ganz und gar vergangen ist.

Ein Dritter,
die Welt heißt ihn Agnostiker,
bezweifelt die Prognostiker,
denn für die Standpunkte
der vorgenannten Beiden,
mag er sich mangels
schlüssigen Beweisen
keinesfalls entscheiden
und beschließt,

in seines Hirnes Maschen,
ich lass mich lieber überraschen.

Ein Vierter,
haltungsmäßig Fatalist,
mag sich geistig nicht verrenken
und sieht alles
wie's grad kommt und wie's ist
als das, was ihm beschieden ist.

So oder so,
wir alle gehen ohne Ruh
unserm sichren Ende zu,
dass in einer fernen Welt
so oder so
einen Neubeginn enthält.

Ob als Nichts oder als grandiose Blüte,
bleibt bis dahin 'ne Wundertüte,
die unter allem Gedankenfluss
ähnlich einem Zuckerguss
vielleicht ein Neubeginn enthält,
der gänzlich anders dann ausfällt,
als wir uns jemals vorgestellt.
Dies wäre in der Tat ein Clou,
darum rufe ich ein Jedem zu,
lass uns täglich einen heben
auf unser kurzgespanntes Leben.

Zukunft

Der Mensch,
naturgemäß voll Triebeskraft,
ist lustvoll meist darauf bedacht,
als kleiner Teil des großen Ganzen,
dem Heute Zukunft einzupflanzen.

Deshalb betreibt er voller Leidenschaft,
alles das, was Nachwuchs schafft.

Bisherige Publikationen BoD Verlag

2024 ▪ ENGEL GEDICHTE

Softcover/Paperback
104 Seiten, Format DIN A5
65 Texte nebst 6 Illustrationen
ISBN 978-3-75-831848-1

Ebookausgabe:
Format: ePUB, 1,6 MB
ISBN 978-3-75-972599-8

2023 ▪ PERLENGRAS GEDICHTE

Softcover/Paperback
100 Seiten, Format DIN A5
73 Texte nebst 2 Illustrationen
ISBN 978-3-75-190632-6

Ebookausgabe:
Format: ePUB, 1,6 MB
ISBN 978-3-75-789921-9

Bisherige Publikationen BoD Verlag

2022 · LIEBES GEDICHTE

Softcover/Paperback
100 Seiten, Format DIN A5
52 Texte nebst 22 Illustrationen
ISBN 978-3-75-572687-6

Ebookausgabe:
Format; ePUB, 1,6 MB
ISBN 978-3-75-789921-9

2019 · MENSCH GEDICHTE

Softcover/Paperback
76 Seiten, Format DIN A5
35 Texte nebst 21 Illustrationen
ISBN 978-3-75-041216-3

Ebookausgabe:
Format; ePUB, 1,6 MB
ISBN 978-3-75-048439-9

Bisherige Publikationen Eigenverlag

Armin H. Bisson

Gedichte

Mensch Liebe Gesellschaft Engel

BAND II

2014 ▪ GEDICHTE BAND II

Softcover/Paperback
52 Seiten, Format DIN A5
21 Texte nebst 3 Illustrationen
ISBN 978-3-00-044766-2

2014 ▪ buntes Leben GEDICHTE

Ebook
55 Seiten - Dateigröße 505 KB
28 Texte nebst 4 Illustrationen
ISBN 978-3-00-046568-0

L Y R R E A L I S M U S

Armin H. Bisson

Armin H. Bisson

Gedichte

Mensch Liebe Gesellschaft Engel

2003 · *LYRREALISMUS*

Lyrischer Bildband
Softcover / Paperback
54 Seiten, Format DIN A4
12 Texte nebst 12 Abbildungen
ISBN 978-3-00-029402-0

2013 · Gedichte

Softcover / Paperback
50 Seiten, Format DIN A5
20 Texte nebst 3 Illustrationen
ISBN 978-3-00-040712-3